Reise durch

INDIEN
DER SÜDEN

Bilder von
Christian Nusch

Texte von
Katharina Nickoleit

Stürtz

Erste Seite: In kleinen Lädchen wie diesem in Kolar in Karnataka finden die Anwohner vom Läusekamm über Handyladen und Kaffeepulver alles, was sie für den täglichen Bedarf brauchen.

Vorherige Seite: Vergängliche Kunst: Mit viel Liebe und Sorgfalt zeichnen die letzten Hippies bei Sonnenuntergang am Strand von Agonda große Bilder in den Sand.

Unten: Für indische Verhältnisse ist Mysore mit seinen circa 900 000 Einwohnern fast eine Kleinstadt. Weniger trubelig als in den wirklich großen Metropolen ist es deshalb auf den Straßen aber nicht.

Seite 10/11:
Teepflücken ist traditionell Frauensache. Für guten Tee dürfen nur die obersten zarten Blätter gepflückt werden. Männer seien da einfach nicht so sorgfältig, sagen die Plantagenbesitzer.

Inhalt

Das Städtchen Chennimalai in Tamil Nadu ist bekannt für seine Handwebereien. Das Handwerk ist Teamarbeit: Während die Frauen das Garn aufspulen, verweben es die Männer.

„Das ist einfach unglaublich" – diesen Ausspruch hört man ständig von Menschen, die zum ersten Mal in Indien sind. Ob das Tourismusministerium deshalb „Incredible India" als Werbeslogan für das Land gewählt hat? In jedem Fall lässt Indien mit seiner Farbenpracht und den Gerüchen, die jede denkbare Note enthalten, mit seinem Lärm und den Massen von Menschen seine Besucher immer wieder aufs Neue ungläubig staunen.

Allein die schiere Größe und Vielfalt des Landes ist überwältigend. Indien ist größer als die Europäische Union und kulturell mindestens ebenso divers. Das zeigt sich schon daran, dass auf dem Subkontinent nicht weniger als 23 Amts- und 100 weitere Sprachen gesprochen werden und in zwölf verschiedenen Schriften geschrieben wird. Während im Norden relativ einheitlich Hindi vorherrscht, muss man bei einer Reise durch Südindien ständig neu lernen, was „Guten Tag" oder „bitte" bedeutet.

Indien ist nicht nur sehr divers, sondern auch äußerst widersprüchlich. Hier leben weltweit die meisten Milliardäre und gleichzeitig 300 Millionen Menschen in absoluter Armut, also von weniger als einem US-Dollar pro Tag. Das Land schickt sich an, den Weltraum zu erobern und schafft es gleichzeitig nicht, flächendeckend eine zuverlässige Stromversorgung zu gewährleisten. Es ist eine Nation, in der Delfine zu „nichtmenschlichen Persönlichkeiten" erklärt werden, um dadurch Delfinarien verbieten und ihre Freiheit schützen zu können, und in der gleichzeitig Menschen in Sklaverei leben. Diese Liste ließe sich ewig fortsetzen, es gibt in Indien mindestens so viele Widersprüche wie hinduistische Götter.

Das Kastensystem und der Hinduismus

Wenn es überhaupt eine Erklärung dafür gibt, wie es sein kann, dass dieses riesige Land mit seinen 1,4 Milliarden Einwohnern, von denen knapp die Hälfte weniger als zwei Dollar pro Tag zur Verfügung hat, nicht in Aufständen und Rebellion versinkt, dann ist sie im Kastenwesen zu finden. Es wurde zwar offiziell mit der Verfassung von 1947 abgeschafft, doch es bestimmt das Leben der Inder bis heute.

Der Ursprung des Kastensystems liegt weit zurück. Als ab der Mitte des 2. Jahrtausends v. Chr. indogermanische Nomaden von Zentralasien ins heutige Indien einwanderten, trafen sie dort auf Ureinwohner. Die eher hellhäutigen Eroberer unterdrückten die ursprüngliche Bevölkerung. So entstand zunächst ein Zweiklassensystem. Die Weißen wurden nach und nach in drei freie Stände gegliedert: Priester (Brahmanen), Herrscher und Krieger (Kshatriyas) und eine Art Bürgertum, nämlich Handelsleute, Handwerker und landbesitzende Bauern (Vaishyas). Sie grenzten sich von den dunkelhäutigen Einheimischen ab, die hauptsächlich als Tagelöhner, Landarbeiter, Handwerker und Diener arbeiteten und die Kaste der Shudras bildeten und den höheren Kasten gegenüber zum Dienst verpflichtet waren. Noch weiter unten und außerhalb dieser Gesellschaftsordnung standen die Unberührbaren, die sich selber als Dalits bezeichnen und im Grunde eine fünfte Kaste bilden. Ihnen wurden die niedrigsten und unangenehmsten Arbeiten aufgezwungen, wie etwa das Reinigen von Latrinen und Abwasserkanälen, die Müllentsorgung oder das Waschen der Kleidung. Übrigens haben bis heute Angehörige der niedrigen Kasten eine eher dunkle Hautfarbe, während man Mitglieder höherer Kasten auch an ihrer hellen Haut erkennt. Das Kastenwesen entstand also, um den Einwanderern die Eroberten zu unterwerfen. Und es ist ein Unterdrückungssystem geblieben, das dafür sorgt, dass die strengen Hierarchien der indischen Gesellschaft eingehalten werden.

Eine solche Gesellschaftsordnung, die weite Teile der Bevölkerung ihrer Rechte beraubt, braucht, um Bestand haben zu können, eine übergeordnete, religiöse Rechtfertigung, die niemand in Frage zu stellen wagt. Und diese Rechtfertigung liefert der Hinduismus. Hindus glauben an die Wiedergeburt, und es hängt von den Taten und Verdiensten im gegenwärtigen Leben ab, in welche Kaste man im nächsten Leben hineingeboren wird. Dieser Logik nach hat ein Shudra seine Position als Knecht durch schlechtes Verhalten im vorherigen Leben selbst verschuldet. Indem er sich nun seinem Schicksal, dem Dharma, fügt, erarbeitet er die Chance, es im nächsten Leben besser zu treffen und in einer höheren Kaste wiedergeboren zu werden. Tut er es nicht, muss er womöglich im nächsten Leben als Dalit die niedrigsten Arbeiten verrichten.

Diese Drohung ist ein hervorragendes Instrument, um jedes Aufbegehren gegen die oft himmelschreiende Ungerechtigkeit im Keim zu ersticken. Bis heute glauben die meisten Dalits selber, dass sie keine Rechte haben und dass sie sich schaden, wenn sie welche einfordern. Gleichzeitig liefert der Hinduismus der noch immer höherkastigen Oberschicht eine ausgezeichnete Rechtfertigung dafür, an den Zuständen im Land wenig zu verändern. Ein Steinbruchbesitzer, für dessen Familie seit Generationen Dalits in Schuldknechtschaft schuften, brachte das einmal auf den Punkt: „Wenn ich deren Kinder jetzt zur Schule gehen lasse, damit sie als Erwachsene einen besseren Job bekommen, dann beraube ich sie der Möglichkeit, ihr Dharma zu erfüllen und das wäre absolut unverantwortlich." So extrem mögen das die wenigsten formulieren, aber der Hinduismus mit seinem Kastenwesen erklärt doch, warum wohlhabende Inder der entsetzlichen Armut in ihrem Land oft eher gleichgültig gegenüberstehen. Und es macht verständlicher, warum andere Länder mit niedrigerer Wirtschaftsleistung erfolgreicher sind, wenn es darum geht, die UN-Millenniumsziele wie Zugang zu sauberem Trinkwasser, Senkung der Kindersterblichkeit oder Grundschulbildung für alle Kinder zu erreichen. In Indien stammen Regierungsbeamte und Politiker in der Regel aus den oberen Kasten, sie sind mit dem Verständnis groß geworden, dass jeder in der Gesellschaft seinen ihm zustehenden Platz hat und erst nach dem Tod die Karten neu gemischt werden.

Gandhi und die Unabhängigkeit von Großbritannien

Mahatma Gandhi, selber aus der Kaste der Vaishya, war einer der ersten Inder, die gegen die Ungerechtigkeit des Kastensystems kämpften. Er war der Meinung, dass es den Indern nur gelingen könne, die Engländer aus dem Land zu vertreiben, wenn alle Inder gemeinsam gegen die Kolonialherrschaft rebellierten.
Nachdem die Briten 1757 die Franzosen als konkurrierende Handelsmacht in der Schlacht von Plassey nahe Kalkutta, in der auf beiden Seiten indische Fürstenhäuser mitkämpften, besiegt hatten, begannen sie ihren Machtbereich über die Handelsstützpunkte der Ostindien-Kompanie hinaus auszudehnen. Bis dahin war Indien weniger eine Nation als ein Konglomerat von mehr als tausend kleineren und größeren Fürstentümern gewesen, die oft miteinander im Krieg lagen. Nach und nach annektierten die Briten große Teile Indiens, indem sie die einheimischen Herrscher gegeneinander ausspielten und hatten Mitte des 19. Jahrhunderts ganz Indien unter ihre Herrschaft gebracht. Dabei wurde nur die Hälfte des Landes direkt von den Briten regiert, rund 600 einheimische Fürsten, die den Briten Treue geschworen hatten, durften ihr Land behalten, waren jedoch zur Zahlung von Steuern verpflichtet. Vor allem die

Auf dem Land sind noch lange nicht alle Straßen und Brücken auf den zunehmenden Autoverkehr eingerichtet. Manchmal ist man wie hier im Süden Goas mit dem Tuktuk, das die Abkürzungen nehmen kann, schneller als mit dem Auto.

Grundsteuern waren gewaltig. Um sie zahlen zu können, verlangten die Fürsten von ihren Pächtern immer höhere Abgaben, was zu mehreren rasch aufeinander folgenden Hungersnöten führte. Gleichzeitig drückten die Briten ihr billiges, weil maschinell gefertigtes Tuch auf den indischen Markt, wodurch Millionen indischer Weber und Färber arbeitslos wurden. Die Baumwolle für die in Manchester gewebten Stoffe kam freilich aus Indien, das zum reinen Rohstofflieferanten degradiert worden war. Gesteuert wurde dies durch eine perfide Zollpolitik. Zugleich wurde der Import moderner Maschinen nach Indien unterbunden. Britische Firmen sicherten sich auch das Monopol auf den Handel mit Jute, Tee und Bodenschätzen und exportierten selbst während der Hungersnöte noch Grundnahrungsmitteln wie Weizen und Reis.
Nachdem nach dem großen Sepoy-Aufstand von 1857, der äußerst brutal niedergeschlagen wurde, die Ostindien-Kompanie aufgelöst und das Land nun auch offiziell Teil des britischen Empires war, begannen die Briten mit dem Aufbau von Verwaltungsstrukturen. Dazu gehörte neben einem Beamtenapparat auch der Bau der Eisenbahn, die bald bis in die entlegensten Winkel des Landes reichte. Außerdem führten die Briten Englisch als Verwaltungssprache ein. Wenn man heute Inder nach der Herrschaft der Briten fragt, so bekommt man oft zur Antwort, dass damals zwar viel Unrecht geschehen sei, man aber alleine mit der Sprache und der Eisenbahn den Briten viel zu verdanken habe, weil beides dem Land in der heutigen Welt enorme Vorteile verschaffe. Aber dazu später mehr.
Obwohl die höheren Verwaltungsposten den Briten vorbehalten waren, brauchten sie für ihren Beamtenapparat doch gut ausgebildete Inder, weshalb erste Universitäten gegründet wurden. Ein wichtiger Zweig war dabei das Justizwesen. Weil die Ausbeutung der Pächter durch Lehnsherren und Geldverleiher überhandnahm, erließen die Briten Pächterschutzgesetze und schufen Gerichtshöfe, vor denen – freilich gegen hohe Gerichtsgebühren, die bald eine wichtige Einkommensquelle des Staates waren – jedermann klagen konnte. Bald gab es immer mehr indische Richter und Rechtsanwälte – kluge und redegewandte Staatsbürger, die die britische Herrschaft zunehmend hinterfragten.

Ein Besuch der chinesischen Fischernetze von Cochin gehört fest zum Programm jedes Touristen in Kerala. Inzwischen verdienen die Fischer mehr Geld mit den Fotos als mit ihrem Fang.

Gandhi war der Sohn eines solchen Richters. Nachdem er in London Jura studiert hatte, arbeitete er zunächst als Rechtsanwalt in Südafrika. Die Rassentrennung, die ihn als Inder diskriminierte, politisierte den jungen Mann. Im Kampf für Gerechtigkeit entwickelte er das Widerstandsprinzip des Satyagraha: eine Strategie der Nichtkooperation, zu der Streiks, Boykotte und die Provokation von Verhaftungen durch das Übertreten von ungerechten Gesetzen und Anweisungen gehörten, die aber stets gewaltlos verlief.

Zurück in Indien ging er 1914 in die Politik und rief die Bevölkerung zum passiven Widerstand gegen die britischen Herrscher auf. Öffentlich verbrannten aufgebrachte Inder ihre maschinengewebte Kleidung aus England und kleideten sich – wie ihr Führer – in ein einfaches, handgewebtes Tuch. Zudem protestierte er mit seinem legendären Salzmarsch äußerst öffentlichkeitswirksam gegen die hohen Steuern. Das Rohstoff-Monopol und damit das der Salzgewinnung lag allein in den Händen der Engländer. Mit Tausenden von Anhängern machte sich Gandhi auf den Weg zum Meer, wo jeder eine Handvoll Wasser in der Sonne verdunsten ließ, bis nur das Salz übrig blieb.

Es dauerte drei Jahrzehnte, bis die Briten, die das Land mit seinen damals 300 Millionen Einwohnern mit lediglich 150 000 Beamten und Soldaten regierten, ihre Kronkolonie aufgeben sollten. Gegen Millionen passiv Widerstand leistende Inder hatten sie keine Chance.

It's the economy…

Als Indien 1947 in die Unabhängigkeit entlassen wurde, war es ein kaum industrialisierter Agrarstaat, schließlich hatten die Briten alles daran gesetzt, das Land auszubeuten. Darauf bedacht, das ökonomische Ruder nie wieder aus der Hand zu geben und die Wirtschaft gegen jeden Einfluss aus dem Ausland zu schützen, bauten seine neuen Herrscher eine sozialistische Planwirtschaft mit marktwirtschaftlichen Elementen auf. Sie definierten Schlüsselindustrien, zu denen vor allem Rohstoffe, Energie, Rüstung und Verkehr gehörten, die ausschließlich dem Staat vorbehalten waren. Andere Indus-

triezweige durften privat betrieben werden. Um sie zu schützen, Arbeitsplätze zu schaffen und Devisen zu sparen, etablierte Indien eine ganze Reihe von Schutzzöllen und erließ für manche Produkte sogar Einfuhrverbote.
Im Schutz dieser Politik und abgeschottet vom Weltmarkt entwickelten sich einige Wirtschaftszweige prächtig: Indien wurde beispielsweise zum wichtigsten Generikaproduzenten der Welt. Pharmakonzerne bauten alle im Westen erfundenen Medikamente in kürzester Zeit nach, so dass es möglich wurde, die Masse der indischen Bevölkerung mit Arzneimitteln zu versorgen.
Für benachteiligte Gruppen wie beispielsweise die Weber gab – und gibt es noch heute – eine ganze Reihe von Subventionen: Eingetragene Weber erhalten kostenlos Strom, sie haben eine Krankenversicherung und erhalten Rente. Das klingt gut, hat aber einen gewaltigen Haken: Der von den Briten übernommene Verwaltungsapparat wuchs über die Jahre weiter an, wurde dabei träge und entwickelte sich zu einem echten Dschungel von Zuständigkeiten. Dazu kommt, dass Korruption in indischen Behörden ein Massenphänomen ist. Für einen einfachen Weber ist es deshalb äußerst schwierig, die ihm zustehenden Vergünstigungen zu beantragen und so erreichen viele der Subventionen nicht diejenigen, für die sie gedacht sind, sondern versickern in der Verwaltung.
Obgleich mit seiner Einwohnerzahl von weit über einer Milliarde Menschen potentiell riesig, bescherte der indische Binnenmarkt der Wirtschaft kein ausreichendes Wachstum, was auch daran lag, dass die Masse der Bevölkerung einfach zu arm war, um zu konsumieren. Zudem fehlte es an ausländischen Investitionen und technischem Fortschritt. Als mit dem Zweiten Golfkrieg 1990/91 der Ölpreis stieg, stürzte Indien, das fast seinen gesamten Bedarf an Erdöl importieren muss, in eine tiefe Wirtschaftskrise.

Indiens Weg ins neue Jahrtausend

1991 wurden die Weichen für Indiens Wirtschaft neu gestellt. Subventionen wurden abgeschafft und bis dahin dem Staat vorbehaltene Branchen für private Unternehmen geöffnet. Gleichzeitig öffnete sich das Land wirtschaftlich nach außen. Einfuhrbeschränkungen und Zölle wurden gesenkt und Handelsabkommen, in denen sich Indien internationalen Patentrechten unterwarf, geschlossen – was übrigens für die Versorgung der breiten Bevölkerung mit bezahlbaren Medikamenten katastrophale Auswirkungen hat. Die Wirtschaftsreformen zeigten Wirkung: Seit Beginn des neuen Jahrtausends wächst Indiens Bruttoinlandsprodukt im Schnitt jedes Jahr um sieben Prozent.

Der königliche Palast von Thanjavur in Tamil Nadu wurde im 16. Jahrhundert erbaut. In der prächtigen Mahratta Dharbar Hall gab der Maharadscha Audienzen und entschied Streitigkeiten.

Dieses Wachstum hat Indien auch der digitalen Vernetzung der Welt zu verdanken, die es möglich macht, dass westliche Firmen Aufgaben wie Buchhaltung, Softwareentwicklung oder auch die Analyse eines CT-Scans nicht mehr selber erledigen, sondern an Dienstleister in Indien auslagern. Dass das Land als globales Backoffice weltweit führend ist, hat es den Briten zu verdanken, die Englisch als Amtssprache einführten. Anders als in anderen Ländern Asiens spricht jeder gebildete Inder fließend Englisch. Das ist schon deswegen notwendig, um mit Landsleuten aus anderen Bundesstaaten Geschäfte machen zu können – kaum jemand aus dem Norden kann Tamil oder Kannada sprechen. Und es ermöglicht, in aller Welt digitale Dienstleistungen anbieten zu können.
Mit dem Wirtschaftswachstum ist in Indien eine Mittelschicht entstanden, die je nach Betrachtungsweise zwischen 100 und 300 Millionen Menschen umfasst. Diese neue Mittelschicht hat einen ungeheuren Hunger nach Konsum, so, als gälte es, die Entbehrungen von Generationen binnen kürzester Zeit auszugleichen. Die Zahl der Motorroller und Autos auf Indiens Straßen explodiert, Shoppingmalls schießen aus dem Boden, Züge sind über Monate ausgebucht. Indien wächst so schnell, dass es sich dabei selbst überholt. Die Städte versinken im Verkehrschaos und das Land im Müll, die Infrastruktur, seien es Abfallentsorgung, Straßen oder Stromversorgung, kann mit dem Wachstum nicht mithalten.
So beeindruckend dieses Wachstum auch sein mag – es darf nicht vergessen werden, dass von den 1,4 Milliarden Indern nur etwa ein Drittel von dem Aufschwung profitiert, während ein nicht geringer Teil der Bevölkerung von der Entwicklung weitgehend abgekoppelt ist. Womit wir wieder beim Kastensystem wären, das für viele noch immer eine Gläserne Decke ist. Mehr noch: Der wirtschaftliche Aufschwung Indiens basiert zu einem guten Teil auf der Arbeit von Menschen, denen ihre von der indischen Verfassung verliehenen Rechte vorenthalten werden, weil ihre Arbeitgeber derselben Kaste angehören wie der örtliche Polizeichef und sie damit keine Stelle haben, an die sie sich im Zweifel wenden können. Da sind die Steinbrucharbeiter und ihre Kinder, die in Handarbeit Felsbrocken zu Schotter für den

Straßenbau zerklopfen. Oder Putzkräfte, die auf den Bahnhöfen in Sichtweite von schicken Cafés zwischen den Gleisen mit einfachsten Werkzeugen Fäkalien entfernen. Hausangestellte, die nicht selten an sieben Tagen pro Woche 24 Stunden lang parat stehen. Ganz zu schweigen von denjenigen, die in der Landwirtschaft arbeiten, was noch immer die Hälfte aller Inder ist, und zu einem guten Teil kein eigenes Land haben, sondern für Großgrundbesitzer arbeiten. Sie alle erhalten Löhne, von denen sie kaum leben können und erst ihre Ausbeutung ermöglicht den märchenhaften wirtschaftlichen Aufschwung.

Doch Indien wird es sich auf Dauer nicht leisten können, einen so großen Teil seiner Bevölkerung vom Aufschwung abzukoppeln. Die Unzufriedenheit wächst und der Verteilungskampf wird härter. Was das bedeuten kann, das konnte man im Februar 2016 im Norden Indiens erahnen. Im Bundesstaat Haryana, der an Delhi grenzt, blockierten Mitglieder der Unterkaste der Jats eine der wichtigsten Wasserleitungen für die Hauptstadt. Sie verliehen damit ihrer Forderung Nachdruck, wie die Dalits als „rückständig" eingestuft zu werden, um so spezielle Förderungen wie reservierte Quoten für Beamtenjobs und kostenfreie Plätze an staatlichen Schulen und Universitäten zu erhalten. Damit sollen Mitgliedern der benachteiligten Kasten Aufstiegschancen eingeräumt werden, die sie traditionell nicht haben. Die Jats sind Bauern und zählen zu den höherstehenden Gruppen, doch die Landwirtschaft steckte wegen des ausbleibenden Monsunregens in der Krise und viele Farmer sind hoch verschuldet. Mit Hilfe des Militärs konnte der Aufstand niedergerungen werden, doch das Intermezzo gab einen Vorgeschmack darauf, was passieren kann, wenn ganze Gruppen dauerhaft von der wirtschaftlichen Entwicklung ausgeschlossen werden.

Unterwegs in Indien

Zu guter Letzt noch ein paar Reisetipps. Auch wenn dieses Buch nur von Südindien handelt, so sprechen wir doch von einem Gebiet, das etwa so groß ist wie halb Europa. Bei einer dreiwöchigen Rundreise alle herausragenden Sehenswürdigkeiten besuchen zu wollen, artet schnell in Stress aus, zumal die Distanzen dazwischen sehr lang sein können. Weniger ist hier mehr. Ideal lässt sich ein Urlaub in Goa mit dem Besuch von Hampi kombinieren. Eine sehr abwechslungsreiche Reise könnte von Bangalore über Mysore und die Nilgiris nach Cochin und zu den Backwaters in Kerala führen. Und wer sich besonders für Kultur interessiert, dem sei in Tamil Nadu die Route von Madurai über Trichy und Thanjavur und weiter entlang

Am späten Nachmittag machen sich die Fischer in Goa auf den Weg zu ihren Booten, die sie mit vereinten Kräften über die Planken vom Strand ins Wasser schieben.

der Küste bis Chennai empfohlen, wobei unbedingt Tranquebar und Pondicherry besucht werden sollten. In jedem Fall sollte man bei der Reiseplanung die Jahreszeiten beachten. Im Oktober lassen der Monsun und die drückende, schwüle Hitze nach, damit beginnt die ideale Reisezeit, die bis etwa März anhält, bevor es im April wieder sehr heiß wird. Bis zum Einsetzen des Monsuns im Juni/Juli ist es aber auf dem Hochplateau des Dekkan und besonders in den Nilgiris immer noch recht erträglich. In der Zeit von Oktober bis März finden auch die wichtigsten Feste des Landes statt: Im Herbst das Lichterfest Diwali, im Januar das Erntefest Pongal (vor allem in Tamil Nadu) und im Frühjahr das Farbenfest Holi.

Vor allem während der mit allem Prunk und großer Lebensfreude begangenen Feste, aber auch bei ganz normalen Tempelbesuchen oder noch einfacher in der Bahn kommt man sehr schnell mit den Indern in Kontakt und wird überall mit größter Gastfreundschaft und Herzlichkeit empfangen. Kommen Sie mit den Menschen ins Gespräch und lassen Sie sich von ihrem Alltag erzählen. Davon, wie ihre Ehe arrangiert wurde, wie im Monsun die Bettwäsche Stockflecken ansetzt, oder was ihre Kinder in der Schule lernen. Wir sind sicher: Was sie zu hören bekommen, wird sie mehr beeindrucken als all die wirklich fantastischen Sehenswürdigkeiten, die Sie erwarten.

Seite 22/23:
Mit dem Hausboot über die Kanäle der Backwaters von Kerala zu schippern, ist eine wunderbar entspannte Art, Südindien zu erleben. Eigentlich viel zu schade da zu arbeiten – aber irgendwann muss der Fotograf mal seine Bilder checken…

Seite 24/25:
Wer alle Ruinen der alten Tempelstadt Hampi in Karnataka sehen will, muss eine gute Woche einplanen – so riesig und weit verstreut liegen die Überreste. Zu ihrer Hoch-Zeit hatte die Stadt rund 500 000 Einwohner und war damit im 16. Jahrhundert eine der größten Metropolen weltweit.

Sonne, Freiheit, Meer – diese drei Begriffe sind heute noch fest mit Goa verbunden. Sie ziehen heute längst nicht nur Gäste aus Europa, sondern zunehmend auch aus Indien an.

Seit die Hippies in den 1960er- und 1970er-Jahren in klapprigen Bussen von Europa via Kabul nach Indien fuhren, um an den Stränden Goas unter dem Einfluss bewusstseinserweiternder Drogen die freie Liebe zu praktizieren, ist der kleinste Bundesstaat Indiens zu einem Sehnsuchtsort geworden. Im Norden bevölkern inzwischen hauptsächlich Pauschaltouristen die Strände, doch im Süden gibt es noch immer kleine Orte, an die Aussteiger über Monate vor dem grauen Winter fliehen. Die meisten lieben es so sehr, in den Tag hinein zu leben und den Fischern zuzuschauen, dass sie ihre Strände kaum verlassen. Das ist ein Jammer, denn Goa hat viel mehr zu bieten als palmengesäumte Strände.

Auf der Suche nach Gewürzen kamen 1510 die Portugiesen an die indische Küste. Sie brachten den Katholizismus und den heimischen Baustil mit. Dieses Erbe ist bis heute erhalten geblieben. Einige der bald 500 Jahre alten Kirchen von Old Goa wurden zum UNESCO-Weltkulturerbe erklärt. Die liebevoll restaurierte, mediterran anmutende Altstadt von Panjim und die historischen, wunderschönen Herrenhäuser hätten das ebenso verdient. Doch auf den Bazaren und den Straßen ist es auch hier so quirlig, bunt und lebhaft wie überall in Indien. Damit ist Goa der perfekte Ort für all diejenigen, die sich dem Subkontinent erst einmal vorsichtig annähern wollen.

Weiter im Süden ist Kerala ein weiterer Bundesstaat, in dem man wunderbar die Seele baumeln lassen kann. Langsam in mit Palmblättern gedeckten Hausbooten über die stille Oberfläche des weit verzweigten Kanalnetzes der Backwaters hinzugleiten, versetzt selbst gestresste Großstädter unweigerlich in einen fast meditativen Zustand.

Seite 28/29:
Eigentlich wäre es bei Sonnenuntergang für die Fischer von Agonda in Goa Zeit, in See zu stechen. Doch manchmal ist auch Netzeflicken angesagt. Das ist gleichzeitig eine gute Gelegenheit, sich in aller Ruhe auszutauschen.

Rechts:
Mit gekonntem Schwung werfen die Fischer von Agonda ihre an den Säumen mit Blei beschwerten Netze aus. Der Fang ist heutzutage so mager, dass selbst kleinste Fische im Kochtopf landen müssen, um die Familien sattzubekommen.

Unten:
Die Häuschen am Fluss sind bei den Fischern besonders beliebt. Von hier können sie mit ihren Booten direkt aufs Meer fahren und ersparen sich die mühsame Arbeit, sie vom Strand ins Wasser zu schieben.

Oben:
Um die schweren Netze an Bord zu ziehen, braucht es viele starke Hände – unter denen dann auch der Fang gerecht aufgeteilt werden muss. Weil die Fischgründe leer gefegt sind, bleibt für den Einzelnen immer weniger.

Links:
Die Boote vom Strand in Agonda ins Wasser zu schieben ist eine kräftezehrende Arbeit, bei der sich die Fischer gegenseitig helfen. Touristen, die einmal mit anfassen wollen, sind herzlich willkommen.

__Linke Seite:__
Im Fluss bei Agonda zu fischen ist eine Angelegenheit, bei der man nass wird. Dieser Mann hatte nicht nur ein Handtuch, sondern praktischerweise auch gleich ein Stück Seife dabei.

Viele der Häuser im Hinterland von Goa stammen noch aus der Zeit der Portugiesen. Die alten massiven Mauern und Ziegel isolieren noch immer gut, so dass es im Innern angenehm kühl ist.

Zur Zeit der Kokosnussernte ist diese archaische Ölmühle ständig in Betrieb. Dieses langsam, auf traditionelle Art mit Hilfe eines Ochsen gepresste Öl gilt in den Städten als absolute Delikatesse.

Rechts:
Nur bei ruhiger See wagen sich die Fischer auch mit winzigen Kanus aufs Meer bei Agonda. Ansonsten sind die kleinen Auslegeboote der Arbeit auf den Flüssen vorbehalten.

Unten:
Morgens um neun ist es im März fast schon zu heiß für die Feldarbeit. Deshalb stehen die Menschen bereits morgens um fünf auf, um dann später eine ausgiebige Mittagspause zu machen.

Oben:
Goa ist mit reichlich Wasser gesegnet. Anders als in Zentralindien versiegen hier die Flüsse selbst in der heißesten Trockenzeit nicht.

Links:
Die Hütten der Fischer mögen bescheiden sein, doch mit dem prächtigen Blumenschmuck sind sie dennoch bunt und fröhlich.

Seite 36/37:
Supermärkte sind in Indien immer noch die absolute Ausnahme – hier kauft man sein Gemüse und alles, was man sonst für den täglichen Bedarf braucht, entweder im Krämerladen oder wie in Margao auf dem zentralen Bazar.

Linke Seite:
In Indien ist es nicht üblich, seine Kleidung fertig zu kaufen, sondern man lässt sie schneidern. Auf dem Bazar in Margao findet man dafür eine riesige Auswahl an Stoffen.

Gewürze sind in der indischen Küche absolut unverzichtbar, und vor allem an scharfen Chilischoten besteht großer Bedarf. An diesem Stand muss man nicht probieren – einmal tief Luft holen reicht, um die Schärfe zu testen.

Traditionell schmücken Inder jeden Morgen den Hausaltar und die Bilder von verstorbenen Angehörigen mit einer Blumengirlande. Die Blumenhändler auf dem Markt sorgen den ganzen Tag für Nachschub.

Seite 40/41:
Wenn es gegen Abend etwas kühler wird, treffen sich am Strand von Agonda einheimische und ausländische Fußballenthusiasten zum gemeinsamen Spiel.

Oben:
Am südlichen Ende der Bucht von Agonda finden die Overlander einen Standplatz. Monatelang waren sie über Land von Europa bis nach Indien unterwegs, um hier gemeinsam mit den Kühen den Blick aufs Wasser zu genießen.

Rechts:
Für dieses junge Paar aus der Schweiz ist das Auto für ein Jahr nicht nur Fortbewegungsmittel, sondern auch Wohnung. Ihren Abenteuergeschichten kann man stundenlang zuhören.

Oben:
Viele europäische Familien mit kleinen Kindern verbringen den Winter lieber in Goa als in der nasskalten Heimat. Deshalb gibt es im Örtchen Patnem einen internationalen Kindergarten.

Links:
Der Küstenstreifen von Goa ist flach und schmal. Nur ein paar Kilometer landeinwärts erheben sich die ersten Ausläufer der bewaldeten und sehr artenreichen Western Ghats.

Rechts:
Es sind längst nicht nur westliche Touristen, die an den Stränden Goas Urlaub machen, sondern inzwischen auch viele Inder – darunter buddhistische Mönche, die aus der im Winter eisigen Himalaya-Region ans Meer gereist sind.

Unten:
Während die einen Urlaub machen, müssen die anderen arbeiten. Jeden Abend tragen die Fischerfrauen von Agonda ihr Brennholz und den Fang ihrer Männer am Strand nach Hause.

Oben:
In Patnem versammeln sich des Abends Einheimische und Touristen zum Trommeln am Strand. Das Konzert endet in dem Moment mit einem Crescendo, in dem die Sonne im Meer versinkt.

Links:
Fangfrischer als in den kleinen Restaurants am Strand von Palolem kann man Fisch nicht bekommen. Leider umfasst die Auswahl oft auch kleine Haie, die eigentlich geschützt sind.

Links:
Im großen Ballsaal des 400 Jahre alten Braganza House in Chandor sieht man noch gut, in welcher Pracht die indischen Großgrundbesitzer, die mit den Portugiesen zu kooperieren bereit waren, einst lebten.

Unten:
Das Haus der Familie Braganza ist nur eines von vielen alten Herrenhäusern in Chandor. Viele Besitzer öffnen gegen eine Spende ihre Türen für Besucher. Die Einnahmen werden dringend benötigt, um die Häuser vor dem Verfall zu bewahren.

Ganz unten:
Die Mitglieder der Familien führen die Gäste selbst durch die Räume und können zu so ziemlich jedem der aus Europa oder China stammenden antiken Möbelstücke eine Anekdote erzählen.

Urlaub in Goa zu machen, ist nicht nur bei ausländischen Gästen, sondern zunehmend auch bei vielen Indern sehr beliebt. Das hat seinen Grund. Denn während in vielen anderen Bundesstaaten Indiens der Konsum von Alkohol streng reglementiert ist und mancherorts sogar Tanzveranstaltungen verboten sind, darf in Goa wild gefeiert werden.

In der Saison von Oktober bis März wird im Leopard Valley zwischen Agonda und Palolem jedes Wochenende die Nacht zum Tag gemacht. Der Anblick leicht bekleideter Touristinnen macht den Besuch der Freiluftdiscos in Goa für die indischen Gäste noch mal interessanter.

Oben:
Man könnte glauben, der Mann, der da hoch über dem Meer beim Sonnenuntergang meditiert, sei ein indischer Guru. Doch weit gefehlt, es ist ein Herr aus Deutschland, der hier den Winter aussitzt.

Rechts:
Im Jardim a Mar in Agonda gibt es einige Gäste, die hier gleich den ganzen Winter verbringen. So wie die Besitzerin, die einfach keine Lust auf einen November in Berlin hat.

Links:
Nachts verwandelt sich der Strand von Palolem in ein bunt blinkendes Lichtermeer, über das vom Meer her eine angenehm kühle Brise streicht.

Karneval ist in Goa deutlich weniger institutionalisiert als in Deutschland, aber mindestens ebenso ausgelassen. Jeder, der will, kann sich mit ein paar Freunden zusammentun und mit seinem geschmückten Auto an einem Umzug teilnehmen.

Es gibt aber auch eine Karnevalsvereinigung, die professionelle Wagen ausrüstet. Diese erinnern noch immer ein wenig an das, was man in Portugal zu Karneval zu sehen bekommt. Schließlich waren es die Portugiesen, die den Katholizismus und damit den Karneval nach Goa brachten.

Bei den Kostümen sind der Fantasie keine Grenzen gesetzt. Bei den Damen dürfen sie allerdings nicht zu knapp ausfallen, auch beim Karneval gilt es in Indien, die Schicklichkeit zu wahren.

Viele der Wagen widmen sich dem Thema Fischerei, und nicht wenige nutzen die Gelegenheit, auf Missstände wie die Verschmutzung des Meeres aufmerksam zu machen. Politiker persönlich zu kritisieren ist aber tabu.

Seite 54/55:
Die Altstadt von Panjim sieht noch so aus wie zur Zeit der Portugiesen – oder vielmehr: wieder. Als man in den späten 1990er-Jahren mit der Sanierung begann, war sie schon sehr verfallen.

FONTAINHAS
96040 32222
Hello Kids

GA.07.C.3429

ORA
PRO NOBIS

Linke Seite:
Die Kirche der unbefleckten Empfängnis in Panjim stammt aus dem Jahr 1619. Einst führte der erste Gang der portugiesischen Seeleute hierher, um für eine geglückte Überfahrt zu danken.

Die Gassen der Altstadt von Panjim sind so schmal, dass der Autoverkehr einen Bogen darum macht. Umso beliebter sind die Scooter, die – zumindest in Goa – inzwischen auch selbstverständlich von Frauen gefahren werden.

Inzwischen wurden die meisten Häuser der Altstadt zwar restauriert, trotzdem haben die Gassen noch immer etwas Verwunschenes.

Oben:
Das sogenannte Portugiesische Viertel in Panjim wird heute von Indern bewohnt, die stolz Nachnamen wie „Fernandez" oder „Rodriguez" tragen und sich nicht selten um einen portugiesischen Pass bemühen.

Rechts:
In einem aus dem 19. Jahrhundert stammenden portugiesischen Herrenhaus wurde das sehr geschmackvolle Kolonialstilhotel Panjim Inn eingerichtet. Dort legt man großen Wert auf zeitgenössische Möbel.

Oben:
Nach der Hitze des Tages gibt es nichts Besseres als auf der Terrasse in den Sesseln der ehemaligen Herren Goas einen Drink zu nehmen und den kühlen Abendhauch zu spüren.

Links:
Bei Nacht hat die Altstadt von Panjim einen ganz besonderen Charme. Wenn nicht ab und an ein Moped durch die Straßen knattern würde, könnte man denken, man wäre um zwei Jahrhunderte zurückversetzt worden.

Seite 60/61:
Am späten Nachmittag ist der Blick von der auf einem Hügel gelegenen Kirche Our Lady of the Mount über Old Goa unvergleichlich. Nur die Spitzen der Kathedrale Sé ragen aus den Palmwipfeln.

Rechts:
Die Basílica do Bom Jesus in Old Goa wird auch von einigen indischen Gurus als heiliger Ort verehrt. Imposant ist schon die dreigeteilte Fassade.

Unten:
Der Bau der Basílica do Bom Jesus wurde bereits Ende des 16. Jahrhunderts begonnen. Damit ist sie eines der ältesten portugiesischen Bauwerke und zugleich Teil des UNESCO-Weltkulturerbes.

Oben:
Weil hier die sterblichen Überreste von Francisco de Xavier, dem „Apostel Indiens“, begraben liegen, ist die Basílica do Bom Jesus nicht nur für christliche Inder, sondern für Katholiken aus aller Welt ein wichtiger Pilgerort.

Links:
Es lohnt sich, sich ein wenig Zeit für die liebevoll und sorgfältig gestalteten Details der Basilika in Old Goa zu nehmen.

Muhende Gottheiten – Indiens heilige Kühe

In Indien gelten Kühe als heilig und kein gläubiger Hindu würde auf die Idee kommen, ihr Fleisch zu essen. Stattdessen werden die Kühe mit Gebeten verehrt und als Senioren in Altersheimen untergebracht.
Entspannt am Strand chillende Kühe, die in den Sonnenuntergang blinzeln, das ist in dem Fischerdorf Agonda das Lieblingsfotomotiv aller Touristen. Nachdem sie den ganzen Tag vollkommen frei durch die Gegend gelaufen sind, versammeln sie sich abends am Wasser und scheinen die leichte Meeresbrise zu genießen. Traditionell hat in Indien jeder Haushalt mindestens eine Kuh, die ihn versorgt. Bis heute ist es in Indien üblich, seine Kuh nach dem morgendlichen Melken mit einem freundlichen Klaps in den Tag zu verabschieden. Wie eh und je streifen sie durch die Gassen und Felder und versorgen sich selbst. Das ist nicht nur auf dem Land völlig normal, sondern auch in den Städten noch immer Gang und Gäbe. Dort sind sie allerdings eine Gefahr im Straßenverkehr und leben gefährlich: Häufig werden Kühe bei Unfällen schwer verletzt. Und weil sie im Müll nach Futter suchen und dabei welken Salat nicht von den Plastiktüten trennen können, verenden sie oft kläglich.
Gläubigen Hindus tut das in der Seele weh. Im Hinduismus gelten Kühe als heilig. Das hat eine lange Tradition und geht auf die Zeit zurück, als die Menschen noch vollständig von der Landwirtschaft abhingen. „Alles in der Natur, was uns hilft zu überleben, wird verehrt", erläutert Asha Swami. „Die Kuh gehört auch dazu, denn ihre Milch ernährt uns. In der Landwirtschaft braucht man Düngemittel, und dazu kann man den Kuhdung und den Urin verwenden. Und die männlichen Tiere helfen bei der Feldarbeit oder ziehen Wagen. Weil die Kuh für das Überleben sehr wichtig war, wurde sie als Mutter verehrt. Wir nennen sie ‚Mutter Kuh'."
Der strenggläubige Hindu gründete 2001 den „Love for cow trust". Die Stiftung „Liebe zur Kuh" finanziert Nothilfetelefone und Tierärzte. Für seine Arbeit bekommt Asha Swami viel Zuspruch und Anerkennung, denn heute noch spielen Kühe im Hinduismus eine wichtige Rolle. „Jeder hat einen Tag, Muttertag oder Vatertag. Bei uns gibt es auch einen Kuhtag, wir nennen ihn Gopashtri. Da geht man zu einer Kuh und drückt ihr ein rotes Zeichen auf die Stirn und gibt ihr Süßigkeiten und besonders frisches Grünfutter zu fressen. So beweisen wir der Kuh an diesem Tag unseren Respekt."

Das Schlachten von Kühen ist in Indien gesetzlich reglementiert und wird je nach Bundesstaat mit bis zu zehn Jahren Gefängnis bestraft. Doch wohin mit den Tieren, wenn ihre Milch versiegt? Der indische Staat hat auf diese Frage eine Antwort gefunden: Kuhaltersheime, sogenannte Gauschalas. In jeder Kleinstadt gibt es mindestens eine dieser Einrichtungen.

Flötenmusik im Stall

Sauber gefegte Stallgassen und weitläufige Weiden, so hat Subdoh Kumar sein Kuhaltersheim eingerichtet. Gelegentlich wird sogar Flötenmusik eingespielt. „Gott Krishna spielte für seine Kühe die Flöte. Es ist eine Tradition, den Kühen Musik vorzuspielen, es gibt viele Kompositionen für sie", erklärt der Leiter des Gauschalas. Obwohl nur ein Viertel seiner Kühe noch Milch gibt, kann sich das Kuhaltersheim selbst tragen. „Ihr Dung und ihr Urin sind sehr nützlich. Tatsächlich kann man damit mehr Geld verdienen als mit der Milch. Wir produzieren aus dem Kuhdung Biogas – reines Methan, das zum Kochen verwendet werden kann." Kuhdung ist natürlich auch ein gutes Düngemittel. Doch wesentlich interessanter findet Subdoh Kumar den Kuhurin: „Der Urin einer Färse, also einer Kuh, die noch nicht gekalbt hat, ist voller Peptide. Man hat herausgefunden, dass das eine sehr effektive Medizin gegen Leukämie ist. Es wird viel daran geforscht und wir kennen hier einige Menschen, die vollständig von Leukämie geheilt wurden, indem sie den Urin von Färsen einnahmen." Jeden Morgen drei bis vier Teelöffel seien ausreichend. Und in den USA, so sagt der Kuhfreund stolz, seien sogar zwei Patente auf die medizinische Verwendung von Kuhurin vergeben worden.

Links:
In vielen Tempeln sind Kühe vertreten, so wie hier im Masilamani-Nathar-Tempel in Tranquebar, in dem eigentlich Shiva verehrt wird.

Oben:
Abends entspannt am Meer die kühle Brise genießen und aufs Wasser schauen – Kühe wissen den Strand von Goa genauso zu schätzen wie Menschen.

Kleine Bilder rechts, von oben nach unten: Auch in großen Städten Indiens laufen Kühe noch immer frei umher und tragen damit nicht unwesentlich zum allgemeinen Verkehrschaos bei.

Ihre Kuh ist für die Menschen nicht nur ihr wertvollster Besitz, sondern auch ein Familienmitglied. Nach dem Melken wird sie morgens gewaschen und dann mit einem freundlichen Klaps in den Tag verabschiedet.

Weil jede Kuh nur etwa fünf Liter Milch gibt, haben sich in Tamil Nadu Kolpingmitglieder zu einer Kooperative zusammengeschlossen. So kommt eine ausreichende Menge Milch zusammen, um sie an eine Molkerei verkaufen zu können.

Traditionell streifen Kühe in Indien ähnlich wie bei uns Hauskatzen tagsüber frei umher, um Futter zu suchen. In den Städten bedienen sie sich leider auch am Müll – und sterben an mit Plastik verstopften Mägen.

Seite 66/67:
In einem Hausboot in aller Ruhe durch die Backwaters in Kerala dahinzugleiten, ist ein ungeheuer entspanntes Erlebnis, bei dem man auch Einblicke in das Leben der Menschen bekommt, die an den Kanälen leben.

Unten:
Backwaters-Hausboot-Kapitän müsste man sein, das zumindest sagen sich gestresste Stadtbewohner, wenn sie ihrem Bootsführer dabei zuschauen, wie er in aller Ruhe durch die Kanäle steuert.

Ganz unten:
Mit den chinesischen Fischernetzen in Cochin wird heute nicht mehr allzu viel gefangen. Weil sie unvergleichliche Fotomotive abgeben, für die Touristen ein paar Rupien zu zahlen bereit sind, bleiben sie erhalten.

Rechts:
Eine Tour mit dem Hausboot steht ganz oben auf der Liste jedes Besuchers von Kerala. Vor allem nach der Hektik der indischen Städte ist dieser Ausflug eine wunderbare Erholung für Seele und Geist.

Weil der nächste Flughafen weit entfernt ist, ist der Besuch der Tempelstadt Hampi ein wenig aufwendig. Doch die lange Fahrt lohnt sich auf jeden Fall, denn Hampi ist ein geradezu magischer Ort.

Hinter dem vergleichsweise schmalen und flachen Küstenstreifen steigt das Land mit den Western Ghats steil an. Hat man die bewaldeten Serpentinenstraßen des Gebirges hinter sich gebracht, so findet man sich in einer völlig anderen Landschaft wieder: dem Dekkan. Soweit das Auge reicht, erstreckt sich das flache, eher trockene Hochplateau, durchsetzt von riesigen runden Felsen, die ein wenig so wirken, als hätten einst Riesen nach dem Spielen ihre Kugeln liegen gelassen. Man kann hier weite Strecken fahren, ohne dabei auf größere Städte zu stoßen.

Mitten in dieser märchenhaften Landschaft liegt eine der wunderbarsten Tempelstädte Indiens: Hampi. Der Ort war von 1343 bis 1565 die Hauptstadt des Hindu-Reiches Vijayanagar, in seiner Blütezeit lebten rund 200 000 Menschen hier. Heute ist Hampi ein Dorf und Pilgerstätte, denn die historischen Tempel gelten den Gläubigen als heilig. Deshalb darf in Hampi auch weder Fleisch serviert noch Alkohol ausgeschenkt werden.

Erst tief im Süden Karnatakas werden die Straßen wieder belebter. Mit ihren über acht Millionen Einwohnern ist Bangalore eine echte Metropole, neben der das von 900 000 Menschen bewohnte, auch nicht eben kleine Mysore mit seinem wunderschönen Palast wie eine Provinzstadt wirkt. Noch ein Stückchen weiter im Süden fällt das Dekkan-Plateau über die Nilgiri-Berge in die Ebene Tamil Nadus ab. Die Nilgiris sind mit ihren endlosen, sattgrünen Teeplantagen, die sich wie ein dichter Teppich über die Landschaft legen, ein fast magischer Ort. Die Briten schätzen die Kühle der Berge und schufen hier Rückzugsorte, in denen heute noch indische wie ausländische Gäste Zuflucht vor der Sommerhitze suchen.

Oben:
Die im 14. Jahrhundert gegründete Stadt Hampi gehört heute zum UNESCO-Weltkulturerbe. Einst war sie die Hauptstadt des Hindureiches Vijayanagar und ein Handelszentrum für Edelsteine.

Rechts:
Heute ist Hampi vor allem ein Pilgerziel, das Menschen aus ganz Indien anzieht. Zwischen all den gläubigen Hindus verlieren sich die ausländischen Touristen.

Links:
Jeden Morgen um acht finden sich auf den Stufen der Treppen zum Tungabhadra-Fluss Besucher ein, um zuzuschauen, wie der Tempelelefant Lakshmi gewaschen wird.

Unten:
Tagsüber findet man Lakshmi im Virupaksha-Tempel, wo es ihre Aufgabe ist, Gläubige mit dem Rüssel zu segnen. Von Indern nimmt sie dafür eine Münze, bei Ausländern akzeptiert sie nur Scheine.

Seite 74/75:
Der Virupaksha-Tempel ist Hampis ältestes Gebäude und einer Inkarnation Shivas gewidmet. Seit 1442 ist er ununterbrochen in Betrieb und zieht seither Pilger an.

Der prunkvolle Palast von Bangalore wurde Ende des 19. Jahrhunderts im Tudorstil errichtet.

Fast schon einen Säulenwald findet man im ersten Stock des Tipu Sultan's Summer Palace in Bangalore.

Imposant erstreckt sich das Vidhana Souda, das Parlamentsgebäude von Bangalore an einem weiten Platz. Es stammt aus der Mitte des 20. Jahrhunderts.

Reich geschmückt beeindruckt die Durbar Hall des Palastes von Bangalore.

Indiens IT-Industrie in Bangalore

Die Digitalisierung hat Indien zur Schreibstube der Welt gemacht. Firmen lassen ihre Buchhaltung in Bangalore erledigen, Krankenhäuser CT-Scans in Chennai auswerten und wer nach einer Flugreise seinen Koffer vermisst, hat gute Chancen mit einem Inder verbunden zu werden.

Wenn man vom ländlichen Karnataka nach Bangalore kommt, dann hat das etwas von einer Zeitreise. Rund um das Zentrum der Bundeshauptstadt liegen Glaspaläste, in denen gut ausgebildete junge Inder vor Bildschirmen sitzen. Zum Beispiel bei Brickwork. Es sind Ärzte, IT-Ingenieure, Sozialwissenschaftler, die dort für Kunden aus aller Welt arbeiten. Eine von ihnen ist Kausalya, 26 Jahre alt und Anwältin. Gerade vergleicht sie im Auftrag einer Versicherungsgesellschaft aus den USA das Verkehrsrecht der 50 US-Staaten. Dazu liest sie alle 50 Verkehrsgesetze und relevanten Gerichtsentscheidungen, und erstellt eine Tabelle, in der sie auflistet, wo welche Strafen bei Geschwindigkeitsverletzungen oder fehlendem Anschnallgurt drohen. Ihre Auftraggeber würde es ein Vielfaches kosten, diese Arbeit von US-amerikanischen Anwälten erledigen zu lassen, doch Kausalya ist mit ihrem Lohn von umgerechnet 1200 Euro hochzufrieden.

Faszinierende Entwicklung

Fast entschuldigend verteidigt ihr Chef Vivek Kulkarni die aus seiner Sicht hohen Gehälter. „Das ist hier kein einfacher Callcenterjob. Unsere Angestellten sind auf ihrem Gebiet Experten." Der Inder ist einer der Pioniere in Indiens IT-Branche. „Kommunikation ist heute so einfach. Es gibt Videokonferenzen, Netmeetings und Instant Messenger, da macht es für mich keinen Unterschied, ob der Kunde einen Raum weiter oder in den USA sitzt." Für Vivek Kulkarni ist die Entwicklung faszinierend. „Die gesellschaftlichen Veränderungen, die wir gerade erleben, sind unglaublich. Ich kenne einen Taxifahrer, der jede Rupie gespart hat, um seinen Kindern eine gute Ausbildung zu ermöglichen. Beide arbeiten jetzt für Banken, das monatliche Familieneinkommen ist von 100 Euro auf 1900 Euro gestiegen. Das ist doch großartig!" Solange man nur eine gute Ausbildung habe, sei es kein Problem, auch einen guten Job zu finden.

Bei solchen Aussichten ist es kein Wunder, dass indische Eltern jede Rupie, die sie erübrigen können, in die Ausbildung ihrer Kinder investieren. Heamas Vater, der Fischer ist, spart sich einen Computer für seine Tochter buchstäblich vom Munde ab. Die 14-Jährige besucht die Kolping Matriculation School bei Pondicherry, an der alle Schüler lernen, mit dem Computer umzugehen, sogar die vierjährigen Vorschüler sammeln bereits ihre ersten Erfahrungen am Bildschirm. „Die Computerkurse sind unsere wichtigsten Unterrichtseinheiten, denn nur damit bekommen die Kinder die Chance, von der Unter- in die Mittelschicht aufzusteigen", erklärt der Rektor. Heama soll bald auch zu Hause programmieren und sich für den Kampf um die besten Jobs rüsten. Sie weiß genau, wo sie hin will – zu Infosys – „das sind die Besten". Auf dem heimischen Computer vielleicht auch mal zu spielen, diesen Gedanken findet der Teenager geradezu absurd. Die Konkurrenz um die besten Jobs ist gewaltig und der Druck, es zu schaffen, noch größer. Trotzdem ist sie optimistisch. „Ich werde hart arbeiten, und viel reicher werden als meine Eltern", da ist sie sich sicher.

Schattenseiten

Der IT-Boom hat auch seine Schattenseiten und das nicht nur, weil der Traum von einem besseren Leben für die Mehrheit unerreichbar bleibt. Auch in Indien veralten die Computer rasch und die Industrie muss ständig auf dem neuesten Stand bleiben. Die Folge sind ungeheure Mengen ausrangierter Geräte, für die es kaum eine fachgerechte Entsorgung gibt. Der Elektroschrott landet in den Gassen eines heruntergekommenen Viertels von Bangalore. Dort klopfen manchmal schon Kinder ohne jede Schutzvorrichtung Gehäuse auseinander und lösen wertvolle Metalle zur Wiederverwertung über Bunsenbrennern aus den Platinen, wobei sie giftige Stäube und Dämpfe einatmen. Bis Indiens IT-Industrie auf allen Ebenen in der Moderne angekommen ist, wird es wohl noch viele Jahre dauern.

Links:
Weil die meisten IT-Schmieden außerhalb des Stadtzentrums Bangalores liegen, versprechen ihre Ingenieure den Tuktukfahrern gute Geschäfte.

Oben:
Infosys ist das bekannteste IT-Unternehmen des Landes. Hier zu arbeiten, ist der Traum vieler junger Inder. Doch nur die Allerbesten können auf einen Job hoffen.

Kleine Bilder rechts, von oben nach unten: Damit sie einmal einen Job in der IT-Industrie bekommen, bietet jede Grundschule, die etwas auf sich hält, schon ihren jüngsten Schülern Unterricht am Computer an.

Indien ist ein Land, dessen Bewohner gleichzeitig in zwei Jahrhunderten zu leben scheinen. Während sich die einen mit Hochtechnologien beschäftigen, leben die anderen geradezu archaisch.

Der IT-Boom hat auch seine Schattenseiten: Elektroschrott. Nur langsam entwickeln sich tragfähige Konzepte zur Entsorgung der immer schneller veraltenden Computer.

Vivek Kulkarni ist der Gründer von Brickwork. Er ist ein Pionier der Backoffice-Branche. Seine Mitarbeiter arbeiten Auftraggebern auf der ganzen Welt zu.

Linke Seite:
Indischer Sandstein und Marmor ist wegen seiner besonderen Färbung und Maserung auf der ganzen Welt beliebt. Doch die Arbeitsbedingungen in den Steinbrüchen sind oft brutal.

Auf dem Land hat noch lange nicht jeder Haushalt einen eigenen Wasseranschluss. Deshalb treffen sich die Frauen wie hier in Kolar morgens zum Wasserholen.

Obwohl die meisten Hütten inzwischen einen Stromanschluss haben, bleibt das Wäschewaschen Handarbeit. Nicht nur weil Waschmaschinen teuer sind, sondern auch weil die Stromversorgung unzuverlässig ist.

Seite 82/83:
Mysore mag mit seinen circa 900 000 Einwohnern im indischen Vergleich eine Kleinstadt sein, doch laut und trubelig ist es hier trotzdem. Die Stadt liegt auf einer Höhe von 700 Metern und hat damit ein sehr angenehmes Klima.

Mysore's Oldest Jeweller
LE MATCHING CENTRE
MATCHING CENTRE
Canara Bank

K.R.Govindaraja Setty
WHERE
There's a will
I want
PK
FRUITS
PREMIUM APPLE
PRODUCE OF CHINA

Rechts:
Besucher fragen sich oft, wie es sein kann, dass auf Indiens vollen Straßen nicht ständig schlimme Unfälle passieren. Angesichts des wirklich unglaublichen Chaos geschieht tatsächlich vergleichsweise wenig.

Unten:
Mysores besonderer Charme rührt auch daher, dass in der Stadt an vielen Stellen alte Gebäude erhalten geblieben sind.

Oben:
Die Stadt Mysore gibt sich bei der nächtlichen Beleuchtung ihrer Baudenkmäler sehr viel Mühe. Von dem Licht profitieren auch die Straßenhändler, die kleine Snacks anbieten.

Links:
Auf dem Weg nach Hause schnell eine kleine Zwischenmahlzeit einnehmen? Dank der mobilen Garküchen ist das auch spät nachts noch möglich. Aber Vorsicht: Das Essen, das hier ausgegeben wird, ist für den europäischen Gaumen höllisch scharf.

Götterbilder dürfen in keinem indischen Haushalt fehlen und sind für Nikesh ein gutes Geschäft. Gleich nebenan gibt es Blumenkränze, mit denen die Bilder jeden Morgen aufs Neue geschmückt werden.

Den ganzen Tag stehen diese Frauen, die sich keine Lizenz für einen Stand auf dem Markt leisten können, die Körbe auf dem Kopf balancierend vor dem Eingang zum Bazar von Mysore und warten auf Kundschaft.

Tuktuks gehören fest zum Straßenbild jeder Stadt in Indien dazu, hier in Mysore. Die Fahrer weigern sich nicht nur, wenn sie Touristen mitnehmen, beharrlich, ihr Iaxameter einzuschalten. Das als kleiner Trost für all diejenigen, die sich übervorteilt fühlen.

Selfies sind aus der indischen Gesellschaft nicht mehr wegzudenken. Jeder hat ein Handy und hält fest, an welchen Orten er war. Ausländer werden ständig gebeten, doch bitte für ein Bild zu posieren.

Oben:
Der Palast von Mysore gehört zu den großartigsten von Indiens vielen königlichen Gebäuden und ist Teil des UNESCO-Weltkulturerbes. Nachdem der ursprüngliche Palast abbrannte, wurde der heutige 1912 neu errichtet.

Rechts:
An Feiertagen wird der Palast von Mysore hell erleuchtet. Er wurde zu diesem Zweck mit nicht weniger als 100 000 Glühbirnen versehen.

Links:
Das ist nur die Sparvariante der Beleuchtung des Palastes von Mysore, die allabendlich und ohne die an Festtagen übliche Musik eingeschaltet wird.

Rechts:
Wenn man nicht das Glück hat, im Naturschutzgebiet „Biligirirangana Hills" Elefanten und Tiger zu entdecken, so entschädigen einen dafür kleine Tiere wie diese Echse, die aus ihrem Bau lugt.

Unten:
Toreinfahrten wie diese markieren nicht nur im Süden Karnatakas, sondern auch anderswo die Abzweigungen zu kleinen Dörfern.

Oben:
Weil „Biligirirangana Hills“ auch für viele Inder ein kompliziert auszusprechender Ortsname ist, ist diese Gegend nur als BR-Hills bekannt. Sie wurden zum Tigerschutzgebiet erklärt.

Links:
Auf dem höchsten Berg der BR-Hills steht ein Tempel, der ein wichtiges Pilgerziel ist. Doch die wahren Herren hier sind die Makaken, die sich, von Besuchern reichlich gefüttert, zu einer Landplage entwickelt haben.

Seite 92/93:
Der Tee aus den Nilgiris an der Grenze zwischen Tamil Nadu und Karnataka hat einen leicht zitronigen Geschmack und gilt wegen seines niedrigen Teeingehaltes als leicht und besonders bekömmlich.

Rechts:
Es waren die Briten, die auf die Idee kamen, in den Nilgiris Tee anzubauen. Sie schätzten auch das kühle Klima der Berge und verbrachten hier, angenehm von Dienern umsorgt, die heißen Monate in den Hill Stations.

Rechts:
Direkt nach der Ernte kommen die frischen Blätter der Burnside-Plantage zur Weiterverarbeitung in die Fabrik. Ob grüner oder schwarzer Tee entsteht, ist keine Frage der Blattsorte, sondern hängt vom Verarbeitungsprozess ab.

Ganz rechts:
Hochwertiger Tee besteht nur aus den zartesten, oberen Blättern, die zur Gänze gepflückt werden und dabei nicht beschädigt werden dürfen. Das ist eine Arbeit, die nur Frauen anvertraut wird, weil sie sorgfältiger arbeiten als Männer.

Große Teeplantagen sind ein wenig wie eigene kleine Dörfer, in denen die Arbeiter alles finden, was sie für den täglichen Bedarf brauchen, auch die Schule für die Kinder. Burnside exportiert an den Fairen Handel. Dank der Prämie gibt es hier auch eine Gesundheitsstation.

Obwohl die Arbeiter in festgemauerten Häusern mit Strom und fließend Wasser leben, wollen viele nicht auf den Plantagen bleiben, sondern ihr Glück in der Stadt suchen. Weil es immer schwieriger wird, Pflücker zu finden, werden zunehmend Erntemaschinen eingeführt.

Oben:
Dass ihre Kinder den gesellschaftlichen Aufstieg schaffen, ist das erklärte Ziel sehr vieler indischer Eltern. Um es zu erreichen, stecken sie jede verfügbare Rupie in zusätzlichen Privatunterricht am Nachmittag.

Rechts:
Indische Kinder bekommen kein Pausenbrot für die Schule, sondern eine vollständige Mahlzeit, die in einem aus mehreren übereinandergestapelten Töpfchen bestehenden Henkelmann mitgegeben wird.

Oben:
Damit ihre Mütter in Ruhe Tee pflücken können, gibt es auf der Burnside-Plantage für die Kleinsten eine Krippe. Die Betreuerinnen sprechen mit den Kindern Englisch – neben Computerkenntnissen ist das eine Schlüsselqualifikation.

Links:
Die Konkurrenz zwischen den Schülern ist in Indien sehr groß. Die Zahl der kostenfreien Studienplätze ist begrenzt und nur die allerbesten bekommen dort einen Platz. Wer es im Nationalen Ranking auf einen der vorderen Plätze schafft, wird zur lokalen Berühmtheit.

Links:
Die endlos anmutenden Teeplantagen haben weite Teile der Nilgiri-Berge in eine Landschaft verwandelt, die aussieht, als sei sie von einem grünen Teppich überzogen.

Unten:
Der Bahnhof von Coonoor ist einer der Stopps der sogenannten Toy Train, einer kleinen Eisenbahn, die täglich auf dem Nilgiri Mountain Railway verkehrt. Die nie modernisierte Strecke wurde zum UNESCO-Weltkulturerbe erklärt.

Ganz unten:
Eisenbahnfans aus der ganzen Welt kommen hierher, um einmal mit der wohl langsamsten Bahn Indiens durch nicht weniger als 16 Tunnel und über 250 Brücken durch die fantastische Landschaft der Teeberge zu fahren.

Die Tempel- und Kolonialstädte Tamil Nadus

Ein Besuch des gut 1000 Jahre alten Brihadishwara-Tempels in Thanjavur gehört nicht nur für Touristen, sondern auch für Schulklassen aus der Region zum Pflichtprogramm.

Dass man den Bundesstaat Tamil Nadu betreten hat, merkt man sofort daran, dass die Ortsnamen plötzlich doppelt so lang sind wie sonst. Auch Nordinder verzweifeln an der Aussprache von Tiruchirappalli oder Mahabalipuram. Überhaupt ist Tamil Nadu für Besucher aus Delhi oder Mumbai fast ebenso exotisch wie für uns, denn der Bundesstaat unterscheidet sich in Sprache und Geschichte deutlich vom übrigen Indien. Er blickt auf eine zweitausend Jahre alte Kulturgeschichte zurück und dieses reiche Erbe macht sich überall bemerkbar, sei es in den besonders exquisit gemeißelten alten Tempeln, in der traditionellen Weberei, in Alltagsritualen und in der Küche, bei den Tänzen und in der Kunst.

Tamil Nadu gilt als besonders religiöser Staat. Trichy und Mahabs, wie die beiden komplizierten Ortsnamen dankenswerterweise abgekürzt werden, sind nur zwei von insgesamt sieben bedeutenden Tempelstädten, die jedes Jahr hunderttausende Pilger aus dem ganzen Land anziehen. Schon an ganz normalen Tagen bilden sich vor den Schreinen lange Schlangen von Menschen, die einen Segen empfangen wollen. An Festtagen wie dem Erntefest Pongal oder dem Lichterfest, das in Tamil Nadu nicht wie überall sonst in Indien Diwali, sondern Karthikai heißt, gibt es hier kein Durchkommen.

In Tamil Nadu gibt es neben den vielen Tempelstädten ebenso fantastische alte Kolonialstädte. Neben den Engländern gründeten an der Südostküste Indiens auch die Franzosen, Niederländer, Dänen und Portugiesen Kolonien, die hauptsächlich als Handelsposten dienten. Hier entschied sich im 18. Jahrhundert auch nach drei Kriegen, dass die Briten und nicht die Franzosen die Vorherrschaft über den Subkontinent erhalten sollten.

Oben:
Die ältesten Tempelhöhlen des Rock-Fort-Tempels in Trichy stammen aus dem 6. Jahrhundert – und werden bis heute als Gebetsstätten genutzt.

Rechts:
Auf der Spitze des Felsentempels thront ein Ganesha gewidmetes Heiligtum. Hier bilden sich jeden Tag lange Schlangen von Gläubigen, die sich segnen lassen wollen.

Oben:
Der strenggläubige Suraj Kumar gibt jedes Jahr in einer der Höhlen des Rock-Fort-Tempels in Trichy ein Essen für 600 Personen. Dazu werden nicht nur Freunde und Verwandte, sondern auch unbekannte Besucher des Tempels eingeladen.

Links:
Vor dem mühsamen Aufstieg über die 180 Stufen zur Spitze des Felsentempels zünden die Gläubigen am Fuße des Berges Kerzen an.

Seite 104/105:
Hoch über Trichy thront der kleine Uchipillayar-Tempel auf dem heiligen Felsen. Er ist Ganesha gewidmet und zieht Gläubige aus dem ganzen Land an.

Linke Seite:
In Tamil Nadu gehört es noch weit mehr als in anderen Teilen Indiens dazu, jeden Morgen vor der Haustüre bunte Rangolis auszustreuen. An Festtagen oder wenn Gäste erwartet werden, fallen sie besonders prächtig aus.

Die Rangolis sehen nicht nur fantastisch aus, sondern sind traditionell auch eine Opfergabe an die Natur. Vögel, Ameisen und Insekten sind eingeladen, sich an dem ausgestreuten Bruchreis oder dem Gemüse zu bedienen.

Es ist Aufgabe der Frauen, die Rangolis freihändig auszustreuen, wobei der Fantasie keine Grenzen gesetzt sind. Diese Kunst wird seit Jahrhunderten von der Mutter an die Tochter weitergereicht.

Oben:
Zu den täglichen Aufgaben von Pushapa aus dem Weberdorf Chennimalai bei Erode gehört es, das Garn, das ihr Mann verwebt, aufzuspulen.

Rechts:
Thangavel muss beim Weben acht Pedale in genau der richtigen Reihenfolge treten, um das komplizierte Muster seines Handtuches zu Stande zu bringen. Seine Produkte werden über The Fair Trade Company GEPA in Deutschland verkauft.

Links:
Selvi verkauft am Straßenrand von Erode aus Kokosfasern hergestellte Seile, die sie mit ihrer Familie direkt an Ort und Stelle in jeder gewünschten Länge dreht.

Unten:
Das Garn für die Weber wird am Stadtrand gefärbt und auf einfachen Holzgestellen in der Sonne zum Trocknen aufgehängt.

Linke Seite:
Der Brihadishwara-Tempel in Thanjavur ist ein Juwel der Chola-Architektur. Er ist rund 1000 Jahre alt und Teil des UNESCO-Weltkulturerbes.

Ganz links:
Am Rand des Tempels werden Götterfiguren aus Holz aufbewahrt, die bei der großen Prozession des Erntedankfestes Pongal im Januar durch die Stadt getragen werden.

Links:
In dem Tempel wird auch Indiens größte Statue von Nandi, Shivas heiligem Stier, verehrt. Sie hat einen eigenen Schrein nebst speziellem Priester, der an Gläubige seinen Segen verteilt.

Links:
Die den Tempel umgebenden Mauern sind zum Teil mit wunderschönen, alten Fresken verziert. Über lange Jahre waren sie von davorgesetzten Mauern verborgen, weshalb viele noch in ausgezeichnetem Zustand sind.

Oben:
Der königliche Palast von Thanjavur stammt aus dem 16. Jahrhundert und beherbergt eine wilde Mischung von großartiger Kunst und königlichem Kitsch.

Rechts:
Das Herzstück des Palastes ist die Mahratta-Dharbar-Halle. Hier gab der jeweilige Herrscher unter der prächtig gestalteten Decke Audienzen und schlichtete Streitigkeiten.

Ganz rechts:
Säulen und Deckengewölbe der Empfangshalle bestehen aus aufwendig geschnitztem Holz und sind sorgfältig und detailverliebt bemalt.

Oben:
Ein fliegender Händler auf dem Weg in entlegene Dörfer. Wahlweise gibt es die Motorräder auch hochbeladen mit Zuckerrohr, Hühnern oder prall gefüllten Säcken.

Links:
Ländliche Idylle irgendwo zwischen Thanjavur und Velankanni. Die kleinen Landstraßen zu nehmen, bedeutet zwar Umwege, doch sie bieten wunderbare Einblicke in das tägliche Leben der Menschen.

Rechts:
Gesichter Tamil Nadus. Das Leben auf dem Land ist hart, anstrengend und oft zutiefst ungerecht. Trotzdem begegnet man fast nie verbitterten Menschen.

Ganz rechts:
Tamil Nadu ist der indische Bundesstaat, in dem es noch die meisten Handwebereien gibt. Dementsprechend häufig begegnet man unterwegs Lastwagen, die das Garn dafür ausliefern.

Rechts:
Meistens ist auch schnell eine Truppe Kinder zur Stelle, die sich freut, ihr Schulenglisch an den Gästen ausprobieren zu können.

Im ländlichen Indien findet man unter der älteren Bevölkerung nur selten jemanden, der Englisch spricht. Trotzdem begegnen die Menschen Besuchern immer freundlich und aufgeschlossen.

Am Straßenrand finden sich immer wieder Unterstände, in denen Männer Zuckerrohr pressen und den Saft zu köstlichem braunen Zucker eindampfen. Bei der ohnehin herrschenden Hitze ist das eine mörderische Arbeit.

So idyllisch dieses Bild auch aussehen mag – als Witwe und den Dalits, den Unberührbaren, zugehörig, gehört die 65-jährige Carolin Mary zu den Allerärmsten.

Traditionell wird das Essen im ländlichen Tamil Nadu auf Palmblättern serviert. Als Zugeständnis an die Gäste wird neben Reis und gut gewürztem Dal auch Toastbrot angeboten.

Rechte Seite:
Die Frauen der Kolpingfamilie des Dorfes Maraneri haben sich zu einer Kooperative zusammengeschlossen und verkaufen gemeinsam ihre Milch an eine staatliche Molkerei. Seither hat sich ihr monatliches Familieneinkommen verdoppelt.

Links:
In dem Örtchen Velankanni soll es um das Jahr 1600 drei Marienerscheinungen gegeben haben. Daraufhin wurde hier eine Basilika errichtet, die heute Indiens wichtigster christlicher Wallfahrtsort ist.

Unten:
Da die Basilika „Unserer Lieben Frau der Gesundheit" gewidmet ist, werden der Wallfahrt heilende Kräfte zugeschrieben.

Ganz unten:
Damit das Gotteshaus gleißend weiß erstrahlt, werden die Mauern ständig neu getüncht. Dazu turnen die Maler, wie auch sonst in Indien üblich, ohne jede Sicherung auf den einfachen Bambusgerüsten herum.

Oben:
Das kleine Städtchen Tranquebar ist ein echter Geheimtipp, der vom Tourismus so gut wie unberührt ist. Hier gibt es noch kilometerlange Sandstrände, an die sich keine Badegäste verirren.

Rechts:
Tranquebar wurde 1624 als dänischer Handelsposten gegründet. Auch mit Hilfe aus Skandinavien wurden die historischen Häuser des Städtchens restauriert und werden heute hervorragend in Schuss gehalten.

Oben:
Das 400 Jahre alte Fort in Tranquebar hatte einst einen Anleger, über den Handelsgüter wie Gewürze und Stoffe direkt auf die Schiffe verladen werden konnten.

Links:
Ob der Denkmalschutz vor dem Neuanstrich des 700 Jahre alten Masilamani-Nathar-Tempels zu Rate gezogen wurde? Man mag bedauern, dass die alte Steinmetzarbeit unter den Farben verschwindet, doch es zeigt, wie wichtig traditionelle Tempel den Menschen auch heute noch sind.

Oben:
In Tranquebar hat Neem Rana, ein Unternehmen, das sich auf Heritagehotels spezialisiert hat, gleich zwei koloniale Häuser in wunderschöne, äußerst stilvolle Hotels verwandelt.

Rechts:
Der Bungalow on the Beach war zur Zeit der Briten, die Tranquebar 1845 übernahmen, der Sitz des örtlichen britischen Befehlshabers. Dessen Familie dürfte damals kaum besser umsorgt worden sein als heutige Gäste.

Oben:
Bei der Einrichtung des Bungalow on the Beach in Tranquebar wurde sorgfältig darauf geachtet, dass nur zeitgenössische Möbel ins Haus kommen.

Ganz links:
Der Bungalow liegt tatsächlich direkt am Strand. Die frische Meeresbrise ist in der Hitze Tamil Nadus hochwillkommen.

Links:
Auch bei einer Übernachtung im Gate House, in dem zur Zeit der Dänen der Torwächter der Kolonie lebte, fühlt man sich um Jahrhunderte zurückversetzt.

Koloniales Erbe von Portugiesen, Briten, Franzosen und Dänen

Die Europäer hinterließen im Süden Indiens nicht nur koloniale Bauten, sondern auch das Christentum. Es war der Portugiese Vasco da Gama, der 1498 als erster Europäer auf dem Seeweg in Indien, genauer gesagt im heutigen Kerala, anlandete. Bereits 1503 errichtete er in Cochin die erste europäische Festung, verbündete sich mit den lokalen Herrschern und sicherte den Portugiesen das Monopol auf den Handel mit indischen Gewürzen. Seine Nachfolger besetzten kurz darauf Goa und bauten die portugiesische Vormachtstellung weiter aus. Erst rund 100 Jahre später wurde unter Elisabeth I. die britische Ostindien-Kompanie gegründet, die erste Handelsposten auf dem Subkontinent errichtete. Im Laufe des 17. Jahrhunderts folgten die übrigen europäischen Seefahrernationen. Dabei ging es bis Ende des 18. Jahrhunderts weniger um Eroberungen, als um den Ausbau des Handels, der von kleinen Kolonien aus mit den lokalen Herrschern geführt wurde.

Nach der Unabhängigkeit Indiens im Jahr 1947 und den darauf folgenden Geburtswehen der Nation verloren die einstigen Handelsposten an Bedeutung und fielen in eine Art Dornröschenschlaf. Kaum einer kümmerte sich um die Erhaltung der historischen Gebäude, die unter den heftigen Monsunregen jedes Jahr weiter herunterkamen. Erst in den 1990er-Jahren besann man sich gerade noch rechtzeitig vor dem endgültigen Verfall auf dieses koloniale Erbe und begann mit der Restaurierung. Heute sind die meisten Häuser in den Altstädten des ehemals französischen Pondicherry, des einst portugiesischen Cochin, und im Zentrum von Goas Hauptstadt Panjim liebevoll erhaltene Kleinode. Die historischen Viertel sind mit ihren schmalen Gassen Oasen der Ruhe, die längst nicht nur von ausländischen Touristen, sondern auch von der indischen Mittelschicht sehr geschätzt werden. Ein besonderes Juwel ist der von den Dänen gegründete Handelsstützpunkt Tranquebar, der fast schon einem bewohnten Freilichtmuseum gleicht.

Eine ganze Reihe der historischen Häuser wurde zu Kolonialstilhotels ausgebaut. Hier bekommt man eine Ahnung davon, wie einst die Gouverneure und Handelsherren residierten. Bei der Einrichtung ihrer Häuser legen die Hoteliers größten Wert auf zeitgenössisches Mobiliar. Der Gründer der Neem-Rana-Hotels war bekannt dafür, alle paar Wochen Stühle, Statuen und Bilder zu schicken, die von der Epoche her zu den jeweiligen Gebäuden passten.

Christlicher Glaube

Obwohl es in Kerala der Erzählung nach bereits seit dem Jahr 52 christliche Gemeinden gibt, die vom Apostel Thomas gegründet wurden, waren es die Europäer, die den christlichen Glauben im größeren Stil nach Indien brachten und damit begannen, Kirchen nach europäischem Vorbild zu bauen. Bis heute leben die meisten Christen Indiens in Goa, Tamil Nadu und Kerala – dort, wo die Europäer ihre Kolonien hatten.

Die Portugiesen entsandten 1541 den Jesuiten Francisco Xavier nach Goa. Sein Auftrag war es, die portugiesischen Siedler, von denen viele aus den Gefängnissen Lissabons geholt worden waren und die sich nach Aussage der Regierungsbeamten „gottlos" verhielten, auf den rechten Pfad zu führen. Erst 20 Jahre später begannen die Kolonialherren mit der Inquisition und zwangen Goaner dazu, zum Katholizismus überzutreten. Es gab aber auch viele Hindus, die aus freien Stücken zum Christentum kamen. Vor allem Unberührbare, die im indischen Kastenwesen auf der niedrigsten Stufe stehen, fanden in einer Religion, in der alle gleich sind, Trost. Der Versuch, auf diesem Wege dem Kastensystem zu entkommen, ist

Links oben: *Im ehemaligen dänischen Gouverneurspalast hängen Repliken zeitgenössischer Bilder, die zeigen, wie das Leben zur Zeit der Kolonialherren aussah.*

Links unten: *Statt auf Pferdewagen brachten einheimische Träger unter schwerer Bewachung die Handelsgüter zur Verschiffung in die Kolonie.*

in Indien übrigens heute noch einer der Hauptgründe für den Wechsel zum Christentum. Auch ein Deutscher war maßgeblich an der christlichen Mission in Indien beteiligt. Der Theologe Bartholomäus Ziegenbalg aus dem kursächsischen Pulsnitz wurde 1705 vom dänischen König nach Tranquebar entsandt und war der erste protestantische Missionar in Indien. Er übersetzte weite Teile der Bibel ins Tamilische und war der Begründer der noch heute existierenden Evangelisch-Lutherischen Tamilkirche.

ben:
er ehemalige dänische ouverneurspalast wurde 785 erbaut und wird erzeit mit dänischer Hilfe estauriert.

Rechts oben:
Es war der deutsche Missionar Bartholomäus Ziegenbalg, der den Protestantismus nach Indien brachte.

Rechts Mitte:
Die von Bartholomäus Ziegenbalg gegründete New Jerusalem Church aus dem Jahr 1718 ist eine interessante Mischung aus indischem und europäischem Baustil.

Rechts:
Im Dänisch-Indischen Kulturzentrum von Tranquebar wird die Geschichte des Ortes erzählt. Unter der Woche wird es von zahlreichen Schulklassen besucht.

Oben:
Wenn es am späten Nachmittag etwas kühler wird und vom Meer eine angenehme Brise herüberweht, erwacht die Küstenpromenade von Pondicherry zum Leben.

Rechts:
Wegen der vergleichsweise lockeren Alkoholpolitik Pondicherrys ist das Städtchen auch bei indischen Touristen sehr beliebt. Kaum einer von ihnen lässt sich ein Selfie mit der Gandhi-Statue entgehen.

Links:
Auch die Gedenkstätte für Bhimrao Ambedkar wird viel besucht. Er setzte sich als einer der ersten für die Rechte der Dalit, der Unberührbaren, ein.

Unten:
Die Promenade von Pondicherry ist weit und breit der einzige Ort, an dem Inder – Männer wie Frauen – nacktes Bein zeigen. Im Urlaub ist eben alles ein bisschen anders ...

Oben:
Pondicherry ist eine ehemalige französische Kolonie und das europäische Erbe ist in der Architektur des French Quarter nicht zu übersehen.

Rechts:
Es gibt nur sehr wenige Straßen in Indien, die so grün sind und in denen es so geruhsam zugeht, wie in denen der Altstadt von Pondicherry.

Oben:
In der Stadt gibt es nicht nur sehr schöne Cafés und auch einige Boutiquen, Pondicherry ist auch für seine Antiquitätenläden bekannt, in denen unter anderem die berühmten Bronzestatuen von Tamil Nadu angeboten werden.

Links:
Manche Stücke bei Geethanjali sind mehr als 400 Jahre alt. Sie werden nicht nur direkt im Antiquitätenladen verkauft, sondern auch an Sammler in der ganzen Welt verschifft.

Rechts:
Wem es in der Hitze zu anstrengend ist, das French Quarter in Pondicherry zu Fuß zu erkunden, der kann auch eine Stadtrundfahrt in der Fahrradrikscha unternehmen.

Rechts:
Die Rikschafahrer warten vor den Hotels auf Gäste. Für ihre schweißtreibende Arbeit haben sie ein Trinkgeld redlich verdient.

Ganz rechts:
Wenn es Abend wird, öffnen an den Straßenecken die kleinen Garküchen und Teestände. Auf Rohes sollte man dem Magen zuliebe eher verzichten, doch ein echter indischer Chai schmeckt nirgends besser.

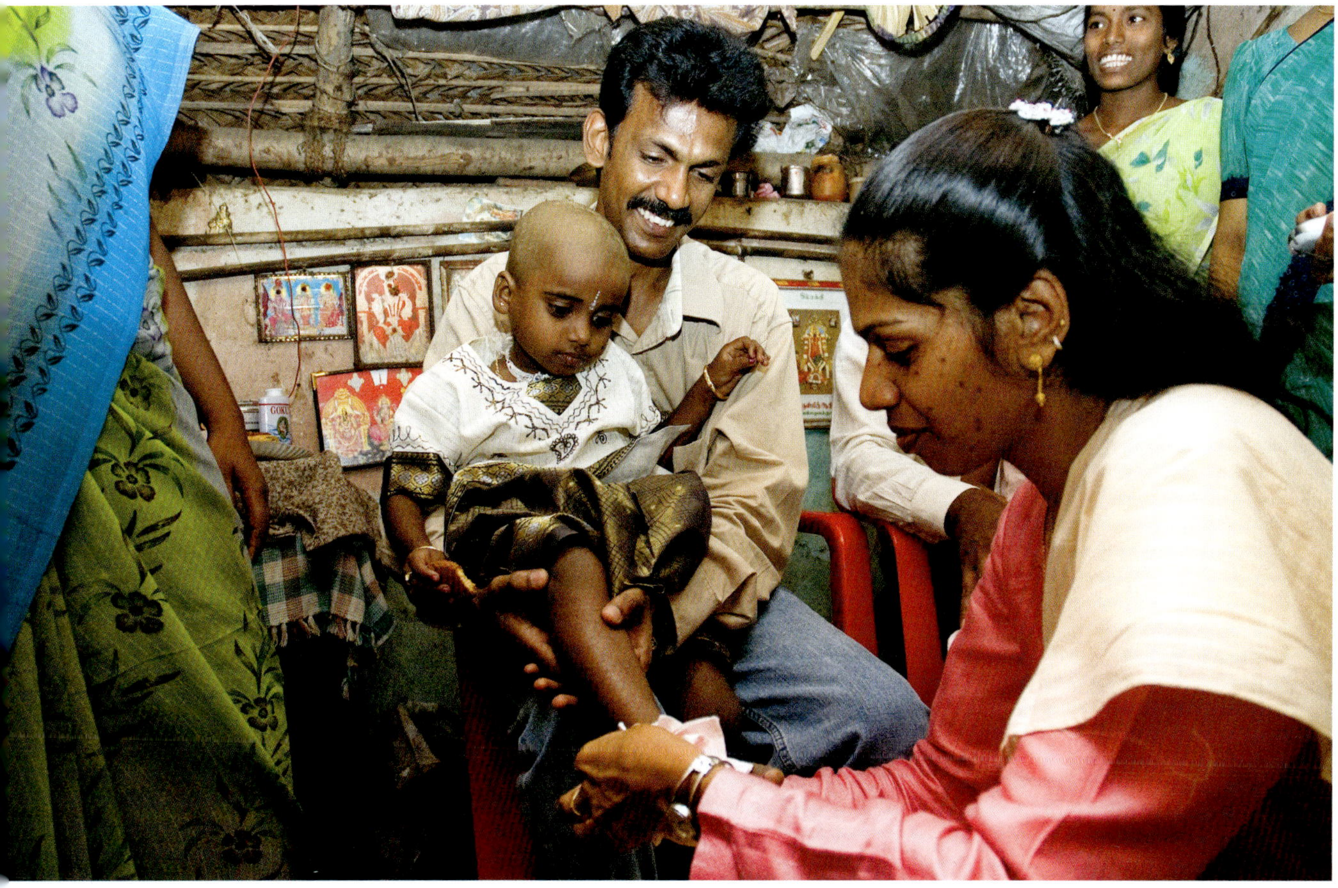

Links:
Das erste große Fest für die kleine Lakshmi: In den ersten Lebensjahren wird jedem hinduistischen Kind der Kopf geschoren, denn es heißt, dass das Geburtshaar noch mit Spuren des vorherigen Lebens behaftet sei.

Ganz links:
Lakshmis Familie hat zu der als Mundan bezeichneten Zeremonie alle Nachbarn und Freunde eingeladen, und feiert in ihrer ärmlichen Hütte ein ausgelassenes Fest mit Musik und Tanz.

Links:
Geschenke gibt es auch: Silberne Fußkettchen, mit denen Lakshmi fortan, befreit von der Last der Vergangenheit, bei jedem Schritt leise klimpern wird.

Oben:
Der Küstentempel aus dem 7. Jahrhundert ist das Wahrzeichen von Mamallapuram und einer der ältesten freistehenden Tempel Tamil Nadus. Er ist von zahlreichen Nandi-Statuen umgeben. Der Stier ist das Reittier und treuer Diener des Gottes Shiva.

Rechts:
Der Tempelkomplex der Fünf Rathas in Mamallapuram ist Teil des UNESCO-Weltkulturerbes. Alle fünf Tempel wurden aus einem einzigen Felsblock gemeißelt.

Oben:
Auf dem Weg zu den Fünf Rathas in Mamallapuram bieten Steinmetze Elefanten an. Sie sind vergleichsweise günstig, doch leider frisst der Transport nach Europa die Ersparnisse wieder auf.

Links:
Ihr Vorbild ist der aus demselben Stück Fels wie die Fünf Rathas gemeißelte Elefant, der inmitten des Tempelkomplexes steht und von außerordentlicher Steinmetzkunst zeugt.

Register

100 km
MAHARASHTRA
CHHATTISGARH
ORISSA
ANDHRA-
PRADESH
KARNATAKA
GOA
KERALA
TAMIL NADU
INDIEN
SRI LANKA
Ihasnagar
MBAI
Kalyan
Chhatrapati Shivaji Station
Mandwa Beach
Kaba Fort
Lonavale
Karla
Nara-yangaon
Ahmednagar
Beed
Balaghat
Godavari
Malegaon
Nizamabad
Vemulavada
Karimnagar
Kamareddi
Siddipet
Warangal
Pune
Torna
1.404 m
Daund
Jamkhed
Manjra
Latur
Udgir
ud Beach
Janjira
hrivardhan Beach
rivardhan
Pratabgad Fort
Baramati
Nira
Barsi
Osmanabad
Nilanga
Kurduyadi
Mahabaleshwar
Wai
Bidar
Fort
Andol
Dabhol
Koyna Reservoir
Satara
Pandharpur
Solapur
Homnabad
Sangareddi
Jangaon
Bhadrachalam
Ostghats
Chiplun
Karad
Mayni
Bhima
Krishna
Fort
Jumma Masjid
Gulbarga
Charminar
Secunderabad
Golconda Fort
HYDERABAD
Kothagudem
Khammam
eshwar Beach
patipule Beach
Ratnagiri
Tasgaon
Shahabad
Nalgonda
Suriapet
Musi
Munneru
Rajahmundry
Kakinada
Sangli
Panhala
Kolhapur
Ichalkaranji
Gol Gumbaz
Ibrahim Rauza
Bijapur
Mahbubnagar
Jadcherla
Miriaiguda
Nagar-junasagar
Nagarjunakonda
Vijayawada
Eluru
Bhimavaram
Amalapuram
Yanam
Gudivada
Vijaydurg Beach
Nipani
Talikota
Wanparti
Guntur
Tenali
Machilipatnam
Sindhudurg Fort
Kudal
Gokak
Bagalkot
Raichur
Malprabha
Vinukonda
Chirala
Bapatla
Vengurla Beach
Terekhol
Vagator Beach
Aloma
Panjim
Old Goa
Fort
Belgaum
Manvi
Tungabhadra
Atmakur
Nallamala Berge
Kurnool
Kushtagi
Dharwad
Gadag
Gangawati
Adoni
Nandyal
Krishna-mündungen
Ongole
Margao
Molem NP
Supa
Hampi
Hubli
Hospet
Bellary
Guntakal
Gooty
Allagudda
Giddalur
Kanagiri
Kandukur
Singarayakonda
Chandreshwar Bhutnath
Chandor
Cabo da Rama
Agonda
Palolem
Yellapur
Karwar
Karwar Beach
Bankapur
Tungabhadra Reservoir
Penna
Ahobilam
Penner
Sagileru
Velikonda
Kavali
Sirsi
Ranibennur
Harihar
Ananthapur
Proddatur
Kumta
Davangere
Chitradurga
Hagari
Dharmavaram
Kadapa
Nelloro
Murudeshwar
Bhatkal
Linganamakki Reservoir
Shimoga
Puttaparthi
Guru Sai Baba
Kadiri
Rayachoti
1.105 m
Gudur
Marvanthe Beach
Kundapura
Bhadravati
Hindupur
Lepakshi
Kalahasti Tempel
Naydupeta
Bhadra NP
Birur
Sira
Madhugiri
Madanapalle
Tirumala
Tirupati
Pulikat-See
Sriharikota I.
Malpe Beach
Udupi
Chikmagalur
Halebid
Gubbi
Tumkur
Puttur
Ponneri
Kudremukh
1.892 m
Arsikere
Mudabidri
Hassan
Sravana-belgola
BANGALORE
Kolar
Chittoor
Arakkonam
CHENNAI
Mangalore
Ullal Beach
Dharmasthala
Vellore
Kanchipuram
Pallavaram
Vaikuntha Perumal Tempel
Chengalpattu
Mandya
Bannerghata NP
Arani
Vandavasi
Mamallapuram
Mamallapuram Beach
Kasaragod
Bekal Beach
Payyanur
Madikeri
Ranganathittu Schutzgebiet
Hunsur
Mysore
Tiruppattur
Javadi Geb.
Ponnaiyar
Tiruvannamalai
Tindivanam
Payyanur
Taliparamba
BR-Hills
1.514 m
Dharmapur
Kannur
Nagarhole NP
Anroville
Pondicherry
Thalassery
Bandipur NP
Sheyaroy Geb.
Viluppuram
Mahé
Mudumalai Schutzgebiet
Salem
Attur
Cuddalore
Kappad Beach
Kozhikode
Nilgiri Hills
2.636 m
Erode
Trudhengodu
Vriddha-chalam
Chidambaram
Beypore
Manjeri
Coonoor
Cauvery
Coimbatore
Tiruppur
Kumbakonam
Mayuram
Tranquebar
Karaikal
Silent Valley NP
Karur
Rock Fort Tempel
Ponnani
Palakkad
Tiruchirappalli
Thanjavur
Brihadisvara Tempel
Nagappattinam
Velankanni
Pollachi
Trichur
Kardamom-Gebirge
Eravikulam NP
Anai Mudi
2.695 m
Dindigul
Pudukkottai
Vedaranniyam
Alwaye
Ernakulam
Kochi
Fort Kochi
Teni
Meenakshi Tempel
Madurai
Karaikkudi
Palkstraße
Vembanad-See
Kottayam
Palani Geb.
Vaigai
Alappuzha
Alleppey Beach
Back-waters
Periyar NP
Kottai Malai
2.019 m
Sivakasi
Paramakkudi
Ramanathapuram
Rameswaram
Kilakkarai
Rajapalaiyam
Kayamkulam
Kovilpatti
Kollam
Papanasam Beach
Ambasam-udram
Tirunelveli
Tuticorin
Golf von Mannar
Anjengo
Thiruvananthapuram
1.869 m
Tiruchendur
Kovalam Beach
Mudanthurai Tiger Schutzgebiet
Nagercoil
Cap Comorin
Indischer Ozean
Arabisches Meer
Malabarküste
Koromandelküste
Golf von Bengalen

Kleines Schläfchen zur heißen Mittagszeit. In Pondicherry ruht sich ein Fahrer von den Anstrengungen des Morgens aus.

Impressum

Buchgestaltung
Matthias Kneusslin
www.hoyerdesign.de

Karte
Fischer Kartografie, Aichach

Printed in Italy
Repro: Artilitho snc, Lavis-Trento, Italien
www.artilitho.com
Druck und Verarbeitung:
Grafiche Stella srl, Verona, Italien

ISBN 978-3-8003-4282-2

Bildnachweis
Alle Bilder von Christian Nusch mit Ausnahme von: S. 76 oben: Wikimedia/Ayush Singh (Lizenz cc by-sa 4.0); S. 76 unten: Wikimedia/Ibrahim Husain Meraj (Lizenz cc by-sa 4.0); S. 77 oben: Wikimedia/Bikashrd (Lizenz cc by-sa 4.0); S. 77 unten: Wikimedia/Ashwin Kumar from Bangalore, India (Lizenz cc by-sa 2.0); Archiv des Verlags: S. 124 links (2 Abb.).

Dank Indien
Danke an:
- *Uli Bartels für seine Reisebegleitung.*
- *Dem Fairhandelshaus Gepa für Einblicke in den Alltag und die Arbeit indischer Weber. www.gepa.de.*
- *Kolping International für Begegnungen mit vielen Menschen, die wir sonst niemals kennen gelernt hätten. www.kolping.net.*
- *Den Frauen der Kolpingfamilie von Maraneri, Tamil Nadu, die mitten in der Nacht aufgestanden sind, um nicht weniger als 15 wunderschöne Rangolis für uns zu legen.*
- *Den Neem-Rana-Heritage-Hotels für die Gastfreundschaft in ihren wunderschönen Hotels in Pondicherry und Tranquebar. www.neemranahotels.com.*